Versos-Estrelas

J. L. Silva

"Vi uma estrela tão alta,
Vi uma estrela tão fria!
Vi uma estrela luzindo
Na minha vida vazia.

Era uma estrela tão alta!
Era uma estrela tão fria!
Era uma estrela sozinha
Luzindo no fim do dia."

Manuel Bandeira

À minha outra metade: o leão desbravador de estrelas

&

À minha outra face: a sombra e a luz da minha vida inteira

SUMÁRIO

VERSOS-ESTRELAS 9

CAVALOS SELVAGENS 10

BURACO NEGRO..12

ESTRELAS PERDIDAS 13

MAR DE SAUDADE 14

PLURALIDADE 15

NÃO CANTES AMOR QUE NÃO TEM...................................16

PRELÚDIO DO CÉU 17

PERDE-SE 18

POEMA DO CORAÇÃO...21

NOTAS DE EMBRIAGUEZ 22

CRESCENTES DITONGOS DECRESCENTES.......................24

HETERÔNIMOS 25

O TOQUE...27

CEGAS DE SONHOS 29

O MEU PRÓPRIO TEMPO 30

VENTOS DE MAIO 31

BANDEIRA BRANCA...33

NÃO ME VENHAS AGORA 34

COLECIONADOR DE MOMENTOS.......................................36

POESIA CRUEL...38

ESTRELA GUIA...39

NÃO CONFIO EM GENTE..41

COAUTOR 44

POEMA FATAL 46

SAUDADE FATAL..47

O CAMINHO DAS PEDRAS 48

SINERGIA 50

AMORES DE VENTO 51

FLORES MORTAS I 52

FLORES MORTAS II 54

SER SOMENTE AMOR 55

TEMPO PRESENTE 56

POÉTICA DESMEDIDA 58

A DOR DO VAZIO..59

CHANCE AO ACASO 61

O PROBLEMA É SEU...63

DUALIDADE..64

TUÍTES 66

PURGATÓRIO 70

OLHOS SONHADORES 72

FELIZ ANO VELHO 73

POEMA-FUNCIONÁRIO-PÚBLICO 75

SUPERNOVA...78

AMOR MEIO BOSTA 80

DRAMATURGIA DO IMPROVISO....................................83

PEÇAS, CACOS E FLORES 85

O POETA AMADOR 87

DIAS CINZENTOS..90

SEMIOLOGIA POÉTICA...91

VERSOS-ESTRELAS

Esses versos-estrelas
que me cortam o céu
que me nascem no peito
e que me sobem à mente
entre os veios estreitos
desse coração poente
e fazem chuva de meteoros
com poemas sonoros
para serem gritados no papel

Essa poesia estelar
que se estende pelas ondas
desse meu vasto mar
de constelações poemas-palavras-versos
que me quebram e estrondam
como estrelas cadentes
para mesmo que, rapidamente
iluminem esse meu universo
cheio de buracos negros

CAVALOS SELVAGENS

As ideias me surgem
e cada vez mais se juntam
e vibram e agitam e gritam
em pensamentos e imagens
a correrem desenfreadas
como cavalos selvagens

que galopam pelos cantos
dos mais vastos campos
dessa cabeça poetizada
o nada passa a ser tudo
o tudo passa a ser nada
e nada será como antes

assim são meus versos
poesia que não pode
ser aprisionada
bem como os amantes
pois o amor se transforma
em poesia tresloucada

então cavalgam incertos
seguindo essa jornada
sofrida e tão louca
que é a vida
de um cavaleiro
das palavras

portanto, essa é minha sina
e espero que estejas certo
de que realmente queres
essa minha rotina
ao acompanhar-me
na cavalgada

porque uma vez imerso
a poesia gruda na alma
pisoteia, tira a calma
desnorteia com revoltas
e tudo isso não tem volta
– a poesia expande universos

se quiseres seguir na viagem
desses cavalos selvagens
que desatam dos meus dedos
não existirão mais segredos

só peço que não tenhas medo
ao descobrires que os diversos
cavalos selvagens perversos
feitos de prosa e verso
que habitam o meu peito
são imperfeitos

BURACO NEGRO

Meu coração é um buraco negro
que vaga perdido pelo espaço
entre o ponto final e o traço
desses versos escritos com estrelas

não importa o que eu faço
não consigo detê-las
e quando percebo
meu peito aberto
é como o universo
tragando astros
e galáxias inteiras

talvez seja por isso que eu atraia
tantos e tantos corpos
com tamanha gravidade
desse peito negro de saudade
e de palavras perdidas

talvez seja por isso que como um raio
disparo freneticamente meus versos
acertando corações diversos
deixando-os rotos
ao causar terremotos
em outros planetas

ESTRELAS PERDIDAS

Dentre tantas e tantas estrelas perdidas
sempre tem uma que nos faz muito mais falta
aquela que ilumina na escuridão

e de todas as estrelas da minha vida
não me houve mais nenhuma assim tão peralta
como aquela que me brilhou no coração

as estrelas perdidas me deixam tão triste
são as que mais ferem, são as que mais abalam
quando elas decidem sumir pelo espaço

pois a saudade sempre me vem e insiste
em me lembrar dos seus versos que não se calam
pois em mim ainda sempre ecoam aos pedaços

sendo assim, ouço sua aura, poesia tão intensa
então, como os pássaros das manhãs, cante
mais uma canção que me faça esquecê-la

porque sinto todos os dias a sua presença
como o brilho quente, porém tão distante
da poeira ilusória que são as estrelas

MAR DE SAUDADE

Esse mar de saudade
aos poucos, o peito invade
com água-escura, solidão

esse oceano de tristeza
é trazido pela correnteza
duma ressaca de verão

essa maré que vem e traga
como a mais forte vaga
de angústia imensidão

essas ondas que me quebram
quase sempre vêm e levam
pedaços do meu coração

PLURALIDADE

Às vezes não sou ninguém
não existo, não sou nada
nem chego a ser um
outras vezes vou além
sou besta desenfreada
indo a lugar nenhum

às vezes, contudo
posso ser tudo
viro o dono do mundo
desatino
viro dois, viro três
viro quatro, cinco
basta-me tê-lo
como seta
do destino

eu só quero o seu bem
mas sei que tenho
um coração distinto
e sinto e sinto e sinto
todo esse sentimento
intrínseco
da pluralidade
que alma poeta
contém

NÃO CANTES AMOR QUE NÃO TEM

Não cantes amor que não tem
não cantes a ninguém
porque o teu canto
só causa espanto
nesse vaivém

Não cante felicidade que não existe
pois esse mundo todo é triste
tão triste que dá dó
e felicidade feita de pó
nunca resiste

Não cantes mais meias verdades
pois não tens mais idade
pra carregares tanta culpa
ou pra pedires desculpas
por tua imaturidade

Não cantes amizades queridas
não cantes nem as perdidas
porque estás sozinho
neste longo caminho
que é a vida

PRELÚDIO DO CÉU

A poesia é a arte do drama
traduzida em versos
através das palavras
porque aquilo que a alma derrama
a poesia vem e lavra
e martela e trabalha e lapida
cada uma de nossas feridas
porque essa é a única forma
de superar todas as mazelas
do caos de nossas vidas

Assim, fazemos delas
pedras preciosas, verdadeiras ametistas
perpetuadas através da escrita
pois tudo aquilo que o peito grita
não merece ser deixado ao léu
porque tem coisa que só sai da gente
por escrito, então, tenho dito:
a poesia é uma terapia
que nos leva a um breve vislumbre
daquilo que seria o céu

PERDE-SE

A gente mais perde nesta vida do que ganha
eu sei que deveríamos estar acostumados a perder
mas a perda não é algo fácil de se lidar

não sei se algum dia consigo a façanha
de não me importar mais com esse clichê
de que o tempo faz tudo passar

pode até ser que faça, mas pra mim não há graça
em deixar aquilo que me praze
perder-se em algum canto desse caminho

porque não se perde a memória, muito menos a glória
de tudo e de todos que me fazem
sentir a definição de carinho

porém, eu sei que não tem jeito, a gente perde
perde tanto que nem dá pra contar
perde até mesmo aquilo que não se mede
perde-se no amor e perde-se na dor
perde-se o próprio amor que te tocou
quando está prestes a acabar

perdem-se entes queridos, perdem-se amigos
perdem-se minutos, horas, dias e anos
perde-se o tempo vivido
perdem-se futuros, perdem-se planos

perdidos no próprio umbigo

enfim, perde-se o próprio tempo perdido
nessa divina comédia de enganos

perde-se também nas lembranças
o que é terrível, porque aí se perde a sanidade
porque nunca se perde a saudade
de tudo aquilo que se perde

mas não se preocupe, meu bem
mesmo que sejam poucos
mesmo que a gente mais perca do que ache
é tão bom quanto chega a hora dos encontros

encontram-se sonhos, encontram-se saídas
encontram-se almas, encontram-se amores
encontram-se livros, histórias, frases, poemas
como também se encontram morfemas
capazes de dar sentido a palavra vida

por mais que a gente mais perca do que ganhe
ainda vale perder-se em pranto de tanto perder
pois, por um instante, mesmo que breve
pude encontrar-me ao perder-me em você

isso resume bem a vida da gente
entre partidas, vindas, despedidas
a gente também encontra

e depois se desencontra

pra nos acharmos finalmente

e mais uma vez se perder

POEMA DO CORAÇÃO

Porque quando é

de verdade

não há problema

nem tempestade

que destrua

o mais sublime poema

do coração

NOTAS DE EMBRIAGUEZ

Não sou poliglota
não falo mais de dez línguas
aliás, mal conheço a minha
mas o que importa
é que meu amor não míngua
pouco então se definha

não conheço todos os vinhos
não conheço todas as rotas
cresço assim devagarinho
então, apenas regues, não me podes
nem que seja em pequenas doses
bem como os pingos da chuva
para que assim como as uvas
adoce tua boca com pequenas notas
dessa minha acidez

tenho a alma pequena
mas tão complicada
às vezes ensolarada
às vezes nublada
e tantas outras vezes
mais amena

não conheço muitos lugares
apenas algumas poucas cidades
mas, para mim, basta tê-las

pois já sou cheio de saudades
já viajo muito internamente
então, por enquanto, fico contente
em desbravar os luares
bem como as estrelas

aqui não existe disfarce
sou completamente poesia
mesmo poeta de segunda classe
que ainda não leu todas as grandes obras
prefiro ser isso do que uma mentira
então, se ainda queres minha companhia
saibas que amor tenho de sobra

CRESCENTES DITONGOS DECRESCENTES

A paixão é um ditongo crescente
que bate forte na gente
através de um sujeito composto
que mesmo a contragosto
conjuga nosso coração

A mágoa é um ditongo decrescente
que aos poucos se torna presente
através de hiatos constantes
pois um sujeito distante
abre aspas para a solidão

HETERÔNIMOS

Não tenho heterônimos
mas tenho os sentimentos
do mundo

Tenho tantos sinônimos
mas ainda prefiro
o de vagabundo

Tenho muitos demônios
a causar-me sofrimentos
profundos

Mas tenho neurônios
que a cada respiro
confundo

A alma já me é tão vasta
com um contratempo
que não cala

Uma vida já me basta
e mal tenho tempo
de administrá-la

Minha poesia é imensa
e mal consigo controlá-la
imagine a de outros

A poesia não pensa
a poesia também não fala
a poesia é ponto de encontro

Um encontro consigo mesmo
um encontro de alma em comum
e não o encontro de heterodesmos

E se já não consigo ser eu mesmo
quem dirá mais de um
poeta a esmo

O TOQUE

eu também sei fazer poemas bonitos
requintados rebuscados refinados
com palavras difíceis, rimados
com sílabas contadas, métricas
versos e estrofes aritméticas
e com metáfora de amor infinito

mas não escrevo poemas para os críticos
letristas literatos especialistas
ou qualquer tipo de analíticos
não mais

escrevo agora para os aflitos
e todos aqueles que conseguem
amenizar as dores do peito
com versos simples, mesmo imperfeitos
usando a poética adormecida
como um analgésico
ou anestésico
para todos os horrores
dessa vida

deixei de versar poema esquelético
melodia elisão simetria
ou qualquer outra porcaria
que me barrava a escrita

abandonei todas as regras
que a literatura erudita emprega
e deixei apenas o coração das palavras me guiar

agora verso contente, sem freio ou receio
ondulante mutável inconstante
e tão imprevisível quanto o próprio mar

não me preocupo mais em ter que agradar alguém
talvez agrade três, dois, um ou nenhum
mas não me curvo mais a imposições
poetas nascem aos montes
mas vão e vêm
assim do nada

aprendi que o que importa
é deixar as palavras soltas
para as pessoas comuns
poderem tocar a poesia
pra quem sabe um dia
a poesia também
possa tocá-las de volta

CEGAS DE SONHOS

Ora, se você é mais uma dessas

pessoas sem ambições

cegas de sonhos

não me aporrinhe

enquanto componho

mais um dos meus versos

desse meu mar

de aspirações

O MEU PRÓPRIO TEMPO

Eu sinto com toda força
eu sinto com toda entrega
contudo, não faço às regras
de todos os meus sentimentos

o meu sentir
sempre foi mais
lento

Por mais que a gente torça
pra nos acertarmos de vez
o que a vida me fez
causa-me desconfiamento

portanto, peço
respeite os meus
momentos

Porque depois de tantos contratempos
de todo sofrimento, de estar ao relento
e outros tantos descabimentos

tornei-me tão frio
quanto o próprio
vento

VENTOS DE MAIO

Os ventos que maio trazem
tragam-me por completo
para um mundo novo repleto
de palavras certeiras, feito raios
a dispararem devaneios
sobre o papel

que os ventos de maio
abram-me o céu
para que eu possa
compor uma nova bossa
triste de tão bela
tal qual aquela
que percorre o universo
desses amores
em carrossel

esses ventos que me embalam
trazem um perfume de versos
que ainda não descobri
a poesia que exalam

tal poema de brisa
que insiste em me balançar
acariciando meu cabelo
ainda não posso vê-lo
mas sei que vai chegar

pois já consigo sentir

que os ventos de maio
mais uma vez
renovem meu ar
e levem meu coração
só o tragam novamente
quando estiverem crentes
que ele possa amar

ventos de renovação
de agora em diante
nada será como antes
desejo coração de vento
que não entre em contratempos
com palavras sem direção
sopradas por lábios alheios

não quero mais ter receios
só quero um amor leve
e mesmo que seja breve
que aplaque com sua bondade
toda essa tempestade
que habita meu furacão

BANDEIRA BRANCA

Não existe trégua
nem bandeira branca
pois essa paixão
vem e arranca
qualquer tentativa
de paz

Não existe régua
e nenhuma medida
que meça o vão
dessa ferida
que a sua falta
me faz

NÃO ME VENHAS AGORA

Mostrei todos os sinais
de que partiria, de que iria embora
então não me venhas agora
com esses poemas, com teus haicais
ou toda tua filosofia-problema
da inconstância que a poesia te traz

tua poética é tão repetida
teus versos não mudarão jamais
tuas rimas serão sempre iguais
e não há espaço para qualquer traço
de repetição em minha vida

preciso de poesia espontânea
preciso de versos surpreendentes
não é qualquer estrofe momentânea
que preencha coração carente
que me fará ficar

é preciso ser poema completo
se quiseres fazer parte do meu universo
se quiseres navegar no meu mar
portanto, não me venhas agora
com nenhum dos teus versos
pois já conheço todos, ora
não há mistérios nessa tua poesia
enquanto que na minha

existem diversos

porque tudo aquilo
que esta mão escrevinha
vieram de histórias
de lutas de tristezas de alegrias
mas principalmente das dores
e de todas as experiências interiores
da vida de um poeta que ardia
nesse vasto e belo inferno
que são os amores

COLECIONADOR DE MOMENTOS

Não quero ser Gertrude Stein
e colecionar obras de arte
livros e pinturas por toda parte
e nada mais

Não quero fazer parte dos planos
ou dos sonhos ou dos trabalhos
de artistas terceiros
quero ser poeta por inteiro
e não beber do dom alheio
– quero versar sem receio

Quero ser um completo hemingwiano
colecionando máculas dessa vida-guerra
só bebendo palavras pra cuspir embriaguez

Quero a paixão louca de Diego Rivera
que amava Frida, fera ferida
no corpo, na alma e nos sentimentos

Quero a imensa surrealidade de Dali
e fugir dessa vida na qual me perdi
sendo feliz a pintar rinocerontes

Também não quero colecionar corações
como um sádico, um típico malandro
contador de inverdades

domador de meandros
que precisa de alguém
pra suprir aquilo que não tem

Também não serei mais um
colecionador de saudades
não quero colecionar nada
que não invada
a droga do meu peito
e fique lá dentro

Nem mesmo coleciono pensamentos
e muito menos colecionarei lamentos
quem dirá, colecionar problemas
esses, deixo para os poemas
que sempre crio livres
e os liberto no vento

A única coisa
que coleciono
são momentos

POESIA CRUEL

Passo o meu lápis
sobre o papel,
deslizam-me os dedos
em novos versos,
mas nada vem,
só pensamentos dispersos:
por que me foges tanto,
poesia cruel?

ESTRELA GUIA

Preciso de um norte
uma estrela guia
que me faça companhia
que me torne mais forte

não acredito em azar
não acredito em sorte
só sigo esse destino
de tantos desatinos
esperando um suporte
nesse meu caminhar

não nasci para ser
palavra monossilábica
não nasci para ser só
aliás, tais palavras
são trágicas:
dor, mal, fé e pó...

não quero ser sujeito
sem oração, sem predicado
nesse mundo de sofrimento
preciso de complemento
para amenizar o peito
que sofre bocados

verbo, é o que sou

que quer exprimir ação
mas preciso de conjugação
preciso de uma pessoa
para deixar de ser assim
tão singular

mesmo a levar
tantas mordidas
no coração
mesmo a sofrer
mais que um poeta
procuro estrela guia
para dividir poesia
nem que seja
na solidão

NÃO CONFIO EM GENTE

Não confio em gente
com mania de limpeza
uma pessoa que faz isso
só pode esconder muitas sujeiras
se tenho uma única certeza
é que a vida foi feita
para ser bagunçada

Não confio em gente
que não passa perfume para dormir
porque se alguém não se cuida
nem que seja somente para si
não merece sentir a essência de outros
não merece uma cama perfumada
ao acordar pela manhã

Não confio em gente
que acha que sabe tudo
esse tipo particular de indivíduo
é aquele que fala muito e pouco diz
que só enxerga o próprio nariz
que não tem um só verdadeiro amigo
que faz sexo com o próprio umbigo
já que é tão insuportável
que ninguém consegue
amá-lo por inteiro

Não confio em gente
de felicidade constante
que carrega sorrisos falsos
para todos os lugares falsos
onde pratica falsidades sociais
para não se sentir apenas um a mais
que pouco a pouco morre internamente
de tristeza e solidão

Não confio em gente
que se faz de santa
ou aquele tipo com cara de sonsa
ou do tipo coitada com cara de morta
por favor, poupe-me dessa sua morbidez
aqui, neste mundo, quase todo mundo
não tem vez — você não sofre mais e nem menos
todos nascemos para sofrer e sofrer
e em sofrimento pereceremos

Não confio em gente
que não se importa com gente
gente que não se importa com ninguém
gente que não se importa com nada
gente que simplesmente é gente
gente que mata indigente
gente que rouba inocente
gente que se faz indiferente
a essa situação tão incoerente
onde todo mundo sabe

que tem alguma coisa errada
mas igualmente se cala

Não confio em quase nada
aliás, não confio em gente nenhuma
não confio nem em mim mesmo
não confio nos meus poemas
ou qualquer coisa alguma
que não sejam problemas
pois essas são as únicas coisas
que dão sentido a essa vida
tão pobre de sentidos

COAUTOR

Se eu te deixar partir
você bem que me esquece
de uma hora pra outra
rápido assim, do nada
sumindo por estradas
pelas quais não posso ir

quem sabe um dia
a gente cresce
e percebe que todas
essas coisas todas
são coisas poucas
meros detalhes
que não se equiparam
aos olhares
que nossos corações rimados
trocam ao somar
nossas poesias

mas se eu te deixar partir
você esquece, é fato
quem sabe eu deveria
deixar que parta de vez
será que assim a lucidez
faria com que você percebesse
que no poema da sua vida
falta uma estrofe?

talvez sentisse desamparo
tão grande, a tal ponto
que finalmente entenderia
que esse nosso encontro
de versos
tornou-se tão completo
que de poema em poema
ficou repleto de contos

portanto, nosso livro da vida
agora não fala de mais nada
além de amor

as nossas páginas em branco
que estavam manchadas
estão cheias de cor

mas, escute bem
o que o próprio tempo
me sussurrou:
– no quesito do amor
não existe obra completa
para um coração
se nele habita a solidão
pois até mesmo um poeta
necessita de um coautor

POEMA FATAL

Ah, se um poema matasse

quantas vidas ceifaria

assim, num riscar de lápis

BOOM! — *causa mortis*: poesia

SAUDADE FATAL

Ah, se a saudade matasse
quanta morte causaria
àqueles que estão no impasse
de viver de nostalgia

O CAMINHO DAS PEDRAS

Para que serve um coração
se não de carne, se for de pedra
do que adianta pedir perdão
se a verdade a boca nega
a gente sabe, não existe regra
para aplacar a solidão
para qualquer um a alma se entrega
só para aquecer o colchão

nesta vida, são poucas as chances
que se tem para ser feliz
por isso, o que está ao alcance
às vezes, perde a diretriz

daí só restará a cicatriz
e tristezas e saudades e nuances
então, aquilo que sempre quis
ficará pesado até que lhe canse

o importante agora
é caminhar e olhar pra frente
deixe metade de si ir embora
se realmente quiser viver o presente

até mesmo porque
o medo de se perder
só é válido

quando se está
sozinho

mas estou com você
e nem precisa agradecer
apenas me siga
fique ao meu lado
que eu te mostro
o caminho

SINERGIA

Tenho tantos restos de amores
guardados no meu peito
amores malacabados
amores nem começados
e amores imperfeitos
que não me cabe mais nada lá dentro
que não me cabe mais amores indecisos
que sejam vazios — sem sentimentos

pra esses amores de vento, só um aviso:
meu coração não é eólico, por isso
não consigo produzir energia
muito menos poesia
sem a cinemática dos corpos
sem a estática das bocas
ou sem um alto teor alcoólico

AMORES DE VENTO

Arrebato
tantos e tantos
corações desatentos
que aos poucos
com o tempo
meu peito será
como um museu
cardiológico
um hospício
de amores loucos
que invento
invisíveis
e suaves
como o vento

FLORES MORTAS I

Não me mandem flores mortas
no dia em que minha poesia
decidir que chegou a hora
de escrever seu último verso

Quem é que quer flores depois de morto?
Aliás, nem venham ao meu velório
vão para algum bar, sei lá
façam um brinde por mim
na hora em que o meu poema se acabar
mas, lembrem-se, uísque sem gelo
ou uma dose de gim

Mas não brindem meu corpo
brindem meu espírito, meus poemas
afinal, eles são partes de mim que ficam
pequenas parcelas, breves teoremas
que não se importarão em viver
se eu estiver morto

deixem meu copo à mesa
no dia de minha despedida
não derramem uma só gota de lágrima
derramem apenas algumas gotas de bebidas
porque não há razão para sentir tristeza
por alguém que acaba de ficar livre
desse mundo todo de caos

FLORES MORTAS II

O mundo não vai parar por causa da minha morte
os pássaros ainda cantarão, as estrelas ainda brilharão
bem como as cobras ainda darão seus botes

Nada no mundo vai mudar
nem queria eu que mudasse
a verdade é que não existe
nenhuma morte importante
para que o mundo parasse
nenhuma morte tão triste
que fizesse por um instante
o mundo parar de girar

Nem mesmo o tempo tem esse poder
apesar de ser aliado fiel da morte
véu entre esses mundos paralelos
e senhor de sua própria sorte

Então, se for para me dar flores
que seja em vida, não na partida
e de preferência, girassóis amarelos
ou então margaridas

SER SOMENTE AMOR

Há quem semeie apenas pranto
por sentimentos diversos

Há quem duvide do meu canto
e não veja beleza nos meus versos

Há quem fuja dos meus encantos
e julgue meu amor perverso

Mas, apesar disso, no entanto
somos filhos do mesmo universo

Esqueçam esses desencantos
deixem de viver solidão

Aceitem esses versos de acalanto
e tenham fé, há salvação

Não acreditem só na dor
e naqueles que duvidam tanto

Pois viver ou ser somente amor
às vezes causa esse espanto

TEMPO PRESENTE

Mais que breves momentos
são esses que me passam
mais velozes do que o tempo
mais suaves que o vento
me prendem e enlaçam
em certos momentos

o relógio passa
e destemido
ultrapassa
o espaço presente
sou só mais um
sobrevivente
perdido no mundo
nesse mar de caos

mas não levo comigo
não mais
nem um segundo
de mágoas banais
e coisa e tal
por que esse tipo
de tempo
é fatal

ultrapasso fronteiras
dum tempo irreal

perseguindo o passo

das horas

com versos, poemas e poesias

mas então o que faço agora?

será que consigo

será que sobrevivo

o compasso do acabar

das horas?

POÉTICA DESMEDIDA

Queria escrever poema
cheio de poética desmedida
mas qualquer verso
que escrevo
não passa de coisa antiga
com rimas repetidas
e cheias de lamentações
da vida

A verdade é que sempre admirei
poetas de palavras bonitas
que escrevem com marketing
que escrevem sobre arte
que descrevem catálogos
ou então algo análogo
cheio de amores
cores e belezas:
chuva, céu, montanha
tristeza, dor
e margaridas

A DOR DO VAZIO

Se por um lado
uns não têm nada
por outro lado
o vazio de tudo

pior ainda
do que viver
em pobreza
é viver da miséria
do outro

então
não se chateie
por não ter nada
pior ainda
é fazer parte
desse vazio

vazio da alma
que chega a ser
tão profundo
como um corte
no espírito

um vazio
fantasma
mas tão pulsante

que dói na gente
sendo quase
real

contudo
não existe
um só coração
que não sinta
que não fique triste
com tanta e tanta
descompaixão

mas a dor
desse vazio
não afeta
os esvaziados
afeta apenas
os pobres
coitados
que ainda têm
coração

CHANCE AO ACASO

O acaso
não passa
de um mero
descaso
do destino

um surto
repentino
da vida
pode ser
a saída
da solidão

contudo, não é
por estar só
que deva aceitar
migalhas ou pó
de quem não sabe
compartilhar

não se proponha
a essa semivida
para curar
as feridas
do coração

portanto

seque seu pranto
e viva o instante
para que o acaso
possa colocar
em seu caminho
outro desalinho
em forma
de paixão

O PROBLEMA É SEU

Não me culpes por suas
ilusórias expectativas
você tomou a iniciativa
de tornar essas duas
almas perdidas
numa só vida

Eu sei que nada sei
reconheço minha incerteza
mas essa sua franqueza
esse ar blasé de rei
de dono da verdade
é apenas vaidade
de alguém que nunca viu
um sol nascer castanho
em meio a tempestade

conheço os defeitos meus
você me viu como poema
mas eu disse que era problema
e agora esse problema
é todo seu

DUALIDADE

O doce amargor dos teus lábios
que me beijam com escárnio
e cospem palavras tristes
levemente odorizadas
por cigarros

a tua boca sempre insiste
a cuspir versos em pigarros
é confuso saber que existe
tanta poesia guardada
nesse peito tão bizarro

os teus gestos são tão lindos
mas para mim sobra escarro
como é estranho conhecer alguém
que consegue ser tão duplo
mas não o culpo
sei do mal que tem
apenas me deixes ajudá-lo

luz e sombras num só ser
tanta beleza e estranheza
não devem ao mesmo tempo
conviver

eu sei que essa sua incerteza
é aquilo que desperta teu horror

contudo, imagino a todo instante
o que sobraria de ti
se arrancássemos
toda essa dor

talvez restasse nada
talvez restasse tudo
ou talvez restasse
somente amor

TUÍTES

As relações humanas
estão fadadas
ao fracasso

digo isso, pois
a cada passo
fico com a
alma pasma

ao avistar
tantos e tantos
desses cidadãos
fantasmas

eles cruzam
caminhos
e nunca estão
sozinhos

sempre conectados
em quase tudo
mas também
em nada

pessoas virtuais
sempre são
interligadas

pela solidão

acho que isso
não é pra mim
não
definitivamente
não

sou do tempo
em que
pra se aquecer
o coração
era preciso
ter outro
a bater
por perto

talvez esteja errado
e, eles, certos
pois também vivo
em solidão
porém
em solidão
não-disfarçada

talvez também
devesse arrumar
amizades vazias
amores sem laços

mas, sei lá
no meu peito
não há espaço
para relações
ou sensações
frias

preciso de
amores quentes
certeiros
até aqueles que
queimam
a gente
paixões mortais
ainda valem
muito mais
do que amores
artificiais

os culpados disso
somos todos nós
humanos
porque tornamos
os sentimentos
mundanos

desencadeamos
um apocalipse emocional
desumano

e decretamos
morte aos laços
verdadeiros
aos sentimentos
reais

no lugar, colocamos
tudo o que é
passageiro
só pra não sofrermos
nem sermos feridos
nunca mais

PURGATÓRIO

Tuas palavras
acertam meu peito
como se fossem pedras
por isso possuo
um coração
tão duro

revido com verbos
e murros
cada um dos seus
sussurros
que me cospe
entre dentes

vá entender esse amor
da gente
é tão leve
mas também pesado
às vezes, moderno
outras, ultrapassado
é estar no céu um instante
e, no outro, cair estatelado

cada um tem seu fardo
seus jeitos, suas dúvidas, suas manias
contudo, quem sabe a gente um dia
mude esse repertório

alcançando um ponto

de equilíbrio

mesmo que seja

no purgatório

OLHOS SONHADORES

O mundo não é fácil para os sonhadores
pois ele vai nos minando devagarinho
matando nossos sonhos aos poucos
a fazer-nos sermos vistos como loucos
que na cabeça só possuem passarinhos

Ah, se o mundo enxergasse o mundo
com os olhos sonhadores, haveria
menos pranto e menos tristezas
haveria muito mais encanto e belezas
e assim tudo seria poesia

Se o mundo não é fácil para os sonhadores
imagine praqueles que só vivem as dores
dessa nossa realidade indefinida

Portanto, mesmo sendo visto como tolo
não quero viver em desconsolo
prefiro viver a sonhar, versando a vida

FELIZ ANO VELHO

Novas lembranças não apagam
antigas recordações
memórias do passado
elas apenas vão e abrasam
o que está no coração
desse peito machucado

a verdade é que não há
como apagar ou substituir
nem mesmo consolar
um amor que ainda vive
dentro de mim, dentro de ti
e dentro de tudo que existe

um ano distante, incerto
um ano de instantes
colocou em sono profundo
o amor jurado antes
mas os desejos, ah, os desejos
ainda se mantêm despertos

nem tampouco o tempo
que nos corrói feito escaravelho
consegue limpar todas as marcas
limpar todos os sentimentos
guardados no peito
um ano novo não apaga

o ano que se passou

não apaga momentos

e muito menos o que se amou

então, feliz ano velho

POEMA-FUNCIONÁRIO-PÚBLICO

Não quero ser poema-funcionário-público
que vende a vida por um salário
que bate cartão e trabalha o dia inteiro
resolvendo problemas alheios

não procuro boa condição financeira
ou qualquer outra coisa passageira
que me compre vida estável
sei que ter dinheiro é essencial
mas comigo ele não tem aval
para tornar a alma miserável

não pense que sou ressentido
muito menos que é inveja
porque essa vida de pedra
qualquer um pode levar

quero mais é ser mar
tão inconstante
quanto o tempo restante
que ainda me resta
a sonhar

não quero vida burguesa
prefiro mais a incerteza
de não saber onde estarei amanhã

afinal, isso é o que é a vida
quando se cura uma ferida
outra nasce no lugar

então, mantenho a mente sã
já que o corpo não se pode preservar

talvez com um pouco de sorte
conheça alguns bons lares
onde possa por um tempo ficar

nem que seja por um dia
uma semana ou um mês
hora ou outra, chega a nossa vez
e que triste seria ter partido
sem nem mesmo ter aprendido
verdadeiramente o que é o amar

enfim, quero ser poema-bar
que nasce em qualquer canto
com versos de alegria ou de desencantos
que venham de dentro do coração
por mais que este ainda seja negro

eu tenho meu próprio emprego
chame-me de irracional, animal
mas me deixe viver a ilusão
de conseguir o meu sustento
com aquilo que escrevo à mão

durmo bem e não como mal
não procuro estabilidade
quero viver dessa insanidade
de ser poeta em tempo integral

SUPERNOVA

Não sei se é porque a vida
começou no mar
que sinto essa saudade imensa
de voltar pra lá
que sinto essa vaga
que me puxa
que me arrasta
que me passa
como ondas
pela mente
pelo corpo
pela alma
tentando me afogar

nesse vasto mar
de palavras-estrelas
arredias

Não sei se é porque o universo
começou no céu
que sinto essa grande saudade
de ser poeira estelar
que sinto esse fogo
que me transcende
que me arde
que me ascende
como cometas

pelas galáxias
pelo espaço
pelos planetas
fazendo-me orbitar

até explodir pelo ar
numa supernova
de poesia

AMOR MEIO BOSTA

Não aceite um amor meio bosta
o amor não deve ser uma coisa imposta
não aceite metade, não aceite migalhas
não aceite quem não aceite suas falhas
não aceite quem não aceite você

não aceite mentiras
ou qualquer um que fira
sua sinceridade
não aceite saudade
de quem poderia estar por perto

não aceite o que é incerto
não aceite tudo o que lhe enfiam goela abaixo
não aceite ser capacho
de quem não aceita o amor

não aceite mixaria
de quem poderia
dar-lhe tanta poesia
que enfeitaria
seu universo
não aceite apenas um verso
se você é poema completo

não aceite ofensas, não aceite pancadas
não aceite quem não aceite suas crenças

não aceite ter sua vida guiada

não aceite o depois se pode aceitar o agora
porque chega uma hora
que de tanto aceitar
você acaba por acreditar
que não vale nada
mesmo tendo uma aura iluminada

não aceite quem não lhe aceite
não tenha calma
não espere o destino
num surto repentino
tirar da sua vida
esse amor impróprio

nem mesmo aceite estes versos que imponho
apenas aceite seus próprios sonhos
aceite sua alma
aceite a si próprio

contudo, em contrapartida
é preciso que você se liberte
deixar de ser inerte
e aceitar tantas coisas
que lhe ferem

não são todos que merecem os seus defeitos
cada um tem seu jeito

apenas aceite que o amor é imperfeito
mas que ele não deve ser tão nocivo
não deve ser motivo
pra se viver em cativeiro

não aceite um amor meio bosta
somente faça apostas
em amores que lhe aceite
por inteiro

DRAMATURGIA DO IMPROVISO

Amar é como ir ao cinema
é entristecer-se e alegrar-se
numa mistura de sentimentos
é surpreender-se a cada cena
pois o amor é cheio de disfarces
um personagem a cada momento

mas o amor de cinema é diferente
do cinema do amor da gente
o amor é cheio de problemas
planos, ângulos, teoremas
e nem sempre na vida real
tudo acaba bem no final

pois o verdadeiro amor
não é igual aquilo
que vemos nos filmes
por isso não cisme
se o amor feri-lo

esqueça todos os romances
porque não há um só diretor
ou um só filme que alcance
a definição da palavra amor
ignore Woody Allen, Fellini
como também François Truffaut

esqueça Orgulho e Preconceito

Casablanca Amor sublime amor

Ensina-me a viver Uma linda mulher

Romeu e Julieta E o vento levou

na vida todas essas obras são vãs

aqui não há fabuloso destino

para as Amelie Poulain's

há somente loucura e desatino

para quem ao amor se entregou

para o amor não existe roteiro

nem mesmo guia ou aviso

o amor é a dramaturgia

do improviso

amar é desgastar-se

e renovar-se todo dia

amor é epifania, catarse

amor, simplesmente

é poesia

PEÇAS, CACOS E FLORES

Em algum momento
dessa minha breve vida
algo dentro de mim se quebrou
e seja lá o que isso for
é algo que não tem conserto mais

Já tentei juntar os cacos
mas não importa o que faço
não encontro todas as peças
se estiveres com alguma dessas
peço, por favor, jogue-as fora
porque aquilo que foi embora
no peito não me caberá jamais

Contudo, quem sabe
uma hora isso tudo logo passa
e do meu peito ainda nasça
desses secos e velhos cactos
as mais belas flores

porém, vejas, que engraçado
apesar de ter o peito surrado
ainda compus verso esperançoso
mesmo a saber que não existe
espaço nas minhas dores

É incongruente

um poeta dizer isso

mas é a verdade

não acredito no amor

não acredito na felicidade

nem acredito na tristeza

acredito no vazio, na letargia

que nos são preenchidos

de tempos em tempos

por esses sentimentos

ou então por poesia

O POETA AMADOR

O poeta ama a dor

o poeta ama a tristeza

melancolia, mágoa, incerteza

tudo é tinta para a sua pena

e o poeta sente todas as dores

as suas, a de terceiros

sejam exteriores ou interiores

e molha a ponta da pena cortante

na tinta rubra que escorre

do seu peito aberto

o poeta, meus senhores

é a própria imagem da angústia

tão humana e tão mundana

que é o desespero

de se pensar na morte

mas ser poeta amador

ajuda um pouco nesse processo

porque aí essa dor fica mais amena

não que fique mais pequena

apenas oferece uma forma

de aliviar as dores em excesso

o poeta tem muitos amores

e sofre um pouquinho

por cada um deles

ser poeta é padecer sozinho

mas também é ter muitas peles
pois o tanto que o poeta se fere
não se compara a nenhuma outra
criatura desse mundo

o poeta é como um deus
do submundo
ébrio, trepido, febril, senil
a caminhar entre o fio
da razão e da loucura

para esse mal
só existe uma cura
compartilhar nossas penas
através de poemas
pra se conseguir
um pouco de sossego
através desse efeito placebo
que é versar todos os dias

o poeta não tem escolha
escreve tudo o que sente
despeja a alma em folhas
pra aplacar a agonia
pra acalmar a dor latente
de um peito cheio
de pensamentos
de versos
e de poesia

DIAS CINZENTOS

Os dias lentos são os mais complicados
aqueles em que as horas se arrastam
e os segundos praticamente ultrapassam
múltiplos universos infinitos
mas que não cessam o grito
desse meu peito calado

as noites se tornam uma eternidade
o corpo repousa numa cama inquieta
porém a alma ainda vaga incerta
nesse turbilhão de loucura
incessantemente à procura
de algo que aplaque a saudade

os dias ensolarados são os mais tristes
porque os dias encobertos, cinzentos
por mais que ainda sejam lentos
pelo menos possuem a fineza
de combinar com toda essa tristeza
que dentro do meu peito existe

SEMIOLOGIA POÉTICA

A palavra é silente
pois só diz uma síntese
de tudo aquilo
que o coração sente
ou daquilo tudo que pensamos

o que a cabeça cala
o gesto exprime
o olho reflete
e como tudo se repete
a gente conhece aos poucos
os diversos silêncios
dos outros

através de detalhes
soluciona-se crimes
através de olhares
encontra-se pessoas
signos sublimes

a palavra fala
o silêncio grita
e vem e agita
os pensamentos
as palavras farfalham
não passam de vento
já o silêncio é vendaval

destrói todos os lugares
por onde passa
e vai e arrasta
características particulares
desse nosso temporal
de segredos

a palavra é ponto
o silêncio, interrogação
enquanto uma finaliza
a outra estende
palavra e silêncio
se compreendem
mas por que não podemos
compreendê-los, então?

a palavra é signo
o silêncio, significação
enquanto uma mostra
a outra mistifica
a palavra assina
o silêncio rubrica
tudo aquilo que se esconde
em nossos vãos